Bayerisches Bestattungsgesetz

Gesetz über das Leichen-, Bestattungs- und Friedhofswesen im Land Bayern

Sebastian Andreas Götz

Bayerisches Bestattungsgesetz

Aktuelle Fassung vom 2. August 2016

Bibliografische Information der Deutschen Nationalbibliothek:
Die Deutsche Nationalbibliothek verzeichnet diese Publikation
in der Deutschen Nationalbibliografie; detaillierte bibliografische Daten sind im Internet über http://dnb.dnb.de abrufbar.

Herstellung und Verlag: BoD – Books on Demand, Norderstedt

ISBN: 978-3-7460-16849

Inhaltsverzeichnis

Abschnitt 1 – Leichenwesen und Bestattung

Art. 1 – Bestattung

(1) [1]Jede Leiche muß bestattet werden, und zwar durch Beisetzung in einer Grabstätte (Erdbestattung) oder durch Einäscherung in einer Feuerbestattungsanlage und Beisetzung der in einer festen Urne verschlossenen Aschenreste in einer Grabstätte (Feuerbestattung) oder durch Einäscherung in einer Feuerbestattungsanlage und Beisetzung der Urne von einem Schiff auf hoher See (Seebestattung). [2]Leichen und Aschenreste Verstorbener müssen, wenn dieses Gesetz nichts anderes zuläßt, auf Friedhöfen beigesetzt werden.

(2) [1]Für Art, Ort und Durchführung der Bestattung ist, soweit öffentliche Belange nicht entgegenstehen, der Wille des Verstorbenen oder, wenn der Verstorbene noch nicht 16 Jahre alt oder wenn er geschäftsunfähig war, der Wille der Personensorgeberechtigten zu berücksichtigen. [2]Ist der Wille des Verstorbenen oder der Personensorgeberechtigten nicht nachweisbar, so kommt es auf den Willen der Angehörigen an, die auf Grund des Art. 15 Abs. 2 Nr. 1 für die Bestattung zu sorgen haben.

Art. 2 – Ärztliche Leichenschau

(1) Jede Leiche muß vor der Bestattung zur Feststellung des Todes, der Todesart (natürlicher oder nicht natürlicher Tod) und der Todesursache von einem Arzt untersucht werden (Leichenschau).

(2) [1]Auf Verlangen eines jeden auf Grund des Art. 15 zur Veranlassung der Leichenschau Verpflichteten oder einer nach Art. 14 Abs. 2 zuständigen Stelle oder deren Beauftragten sind zur Leichenschau verpflichtet,

3

1. jeder Arzt, der in dem Gebiet der Kreisverwaltungsbehörde, in dem sich die Leiche befindet, oder in dem
Gebiet einer angrenzenden kreisfreien Gemeinde nie-
dergelassen ist,

2. in Krankenhäusern und Entbindungsheimen außerdem jeder dort tätige Arzt.

[2]Ein Arzt, der für die Behandlung von Notfällen eingeteilt ist
und die verstorbene Person vorher nicht behandelt hat, kann
sich im Rahmen seiner Pflicht nach Satz 1 auf die Feststellung
des Todes, des Todeszeitpunktes, des Zustandes der Leiche
und der äußeren Umstände beschränken, wenn sichergestellt
ist, daß der behandelnde Arzt oder ein anderer Arzt die noch
fehlenden Feststellungen treffen wird.

(3) Der Arzt kann die Leichenschau verweigern, wenn sie ihn
oder einen Angehörigen, zu dessen Gunsten ihm in Strafver-
fahren wegen familienrechtlicher Beziehung das Zeugnisver-
weigerungsrecht zusteht, der Gefahr aussetzen würde, wegen
einer Straftat oder einer Ordnungswidrigkeit verfolgt zu werden.

Art. 3 – Betretungs- und Auskunftsrecht

(1) [1]Zur Leichenschau dürfen der Arzt und die von ihm zugezo-
genen Sachverständigen und Gehilfen jederzeit den Ort betreten, an dem sich die Leiche befindet. [2]Der Inhaber der tatsächlichen Gewalt hat ihnen Grundstücke, Räume und bewegliche
Sachen zugänglich zu machen.

(2) [1]Wer den Verstorbenen unmittelbar vor dem Tod berufsmäßig behandelt oder gepflegt hat, oder wer mit der verstorbenen Person zusammengelebt hat oder die Umstände des

Todes kennt, hat auf Verlangen des Arztes, der die Leichenschau vornimmt, unverzüglich die zu diesem Zweck erforderlichen Auskünfte zu erteilen und Unterlagen vorzulegen. [2]Die gleiche Verpflichtung trifft jeden Arzt, der den Verstorbenen nach dessen Tod untersucht hat. [3]Der Verpflichtete kann die Auskunft und die Vorlage von Unterlagen verweigern, soweit er dadurch sich selbst oder einen in § 383 Abs. 1 Nrn. 1 bis 3 der Zivilprozeßordnung bezeichneten Angehörigen der Gefahr aussetzen würde, wegen einer Straftat oder einer Ordnungswidrigkeit verfolgt zu werden.

Art. 3a – Todesbescheinigung

(1) Der Arzt hat über die Leichenschau eine Todesbescheinigung auszustellen, die aus einem vertraulichen und einem nicht vertraulichen Teil besteht.

(2) [1]Die Todesbescheinigung wird bei unteren Behörde für Gesundheit, Veterinärwesen, Ernährung und Verbraucherschutz, in deren Bezirk der Sterbeort liegt, aufbewahrt. [2]Liegt der Sterbeort außerhalb des Geltungsbereichs dieses Gesetzes, so ist für die Aufbewahrung die untere Behörde für Gesundheit, Veterinärwesen, Ernährung und Verbraucherschutz zuständig, in dessen Bereich der Wohnort der verstorbenen Person liegt. [3] Die unteren Behörden für Gesundheit, Veterinärwesen, Ernährung und Verbraucherschutz dürfen die Todesbescheinigung zur Erfüllung ihrer Aufgaben auswerten.

(3) [1]Personenbezogene Auskünfte aus dem vertraulichen Teil der Todesbescheinigung dürfen nur erteilt, Einsicht in diesen nur gewährt werden, wenn die verstorbene Person zu Lebzeiten hierin eingewilligt hat oder soweit dies für Gerichte, Staatsanwaltschaften oder Polizei zur Verfolgung von Straftaten oder für das Zentrum Bayern Familie und Soziales zu seiner Aufgabenerfüllung erforderlich ist. [2]Abweichend von Satz

1 können Auskünfte erteilt oder Einsicht auch gewährt werden,

1. soweit die auskunftsuchende Person oder Behörde ein berechtigtes Interesse an der Kenntnis über die Todesumstände einer namentlich bezeichneten verstorbenen Person glaubhaft macht und kein Grund zu der Annahme besteht, daß durch die Offenbarung schutzwürdige Interessen des Verstorbenen beeinträchtigt werden, oder

2. wenn eine Hochschule oder andere wissenschaftliche Einrichtung die Angaben für ein wissenschaftliches Forschungsvorhaben benötigt und

a) durch sofortige Anonymisierung der Angaben oder auf andere Weise sichergestellt wird, daß schutzwürdige Interessen der verstorbenen Person nicht beeinträchtigt werden oder

b) das öffentliche Interesse an der Forschung das schutzwürdige Interesse der verstorbenen Person erheblich übersteigt und der Zweck der Forschung auf andere Weise nicht oder nur mit unverhältnismäßigem Aufwand erreicht werden kann und kein Grund zu der Annahme besteht, daß das schutzwürdige Interesse von Angehörigen der verstorbenen Person an dem Ausschluß der Verarbeitung oder Nutzung überwiegt.

[3]Die auskunftsuchende Person oder Behörde darf personenbezogene Daten, die sie auf diese Weise erfährt, nur zu dem von ihr im Antrag angegebenen Zweck verwenden.

(4) [1]Ob die Voraussetzungen des Absatzes 3 Satz 2 Nr. 2 vorliegen, entscheidet die Regierung, in deren Bezirk die Auskunft oder Einsicht gewährt werden soll; betrifft das Forschungsvorhaben mehrere Regierungsbezirke, bestimmt das Staatsministerium für Gesundheit und Pflege die zuständige Regierung. [2]In den Fällen des Absatzes 3 Satz 2 Nr. 1 entscheidet die Kreisverwaltungsbehörde.

(5) Befugnisse zur Einsichtnahme auf Grund anderer Rechtsvorschriften bleiben unberührt.

Art. 4 – Kosten

Die Verpflichtung, die Kosten der Leichenschau endgültig zu tragen, richtet sich nach den für die Bestattungskosten geltenden Rechtsvorschriften, soweit nichts anderes bestimmt ist.

Art. 5 – Allgemeine Anforderungen

[1]Mit Leichen und Aschenresten Verstorbener darf nur so verfahren werden, daß keine Gefahren für die öffentliche Sicherheit oder Ordnung, insbesondere für die Gesundheit und für die Belange der Strafrechtspflege zu befürchten sind und die Würde des Verstorbenen und das sittliche Empfinden der Allgemeinheit nicht verletzt werden. [2]Das gilt insbesondere für die Bestattung, die Leichenschau, die Bergung, Verwahrung, Einsargung, Aufbahrung, Beförderung und die Entfernung aus einer Grabstätte (Ausgrabung).

Art. 6 – Tot- und Fehlgeburten, Körper- und Leichenteile

(1) [1]Für eine totgeborene oder während der Geburt verstorbene Leibesfrucht mit einem Gewicht von mindestens 500 Gramm (Totgeburt) gelten die Vorschriften dieses Gesetzes und die auf Grund dieses Gesetzes ergangenen Rechtsvorschriften über Leichen und Aschenreste Verstorbener sinngemäß. [2]Eine totgeborene oder während der Geburt verstorbene Leibesfrucht mit einem Gewicht unter 500 Gramm (Fehlgeburt) kann bestattet werden. [3]Sofern Fehlgeburten nicht nach Satz 2 bestattet werden, müssen sie, soweit und solange sie nicht als Beweismittel von Bedeutung sind, durch den Verfügungsberechtigten auf einem Grabfeld zur Ruhe gebettet oder, wenn dies nicht möglich oder zumutbar ist, durch den Inhaber des Gewahrsams unter geeigneten Bedingungen gesammelt und in bestimmten zeitlichen Abständen auf einem Grabfeld zur Ruhe gebettet werden. [4]Fehlgeburten können aber auch hygienisch einwandfrei und dem sittlichen Empfinden entsprechend eingeäschert und dann auf einem Grabfeld zur Ruhe gebettet werden. [5]Verfügungsberechtigte sind unverzüglich in angemessener Form vom Inhaber des Gewahrsams über ihr Bestattungsrecht nach Satz 2 und ihre Pflichten nach Satz 3 zu unterrichten. [6]Nach Einwilligung des Verfügungsberechtigten können Fehlgeburten auch für medizinische oder wissenschaftliche Zwecke herangezogen werden. [7]Sobald Fehlgeburten nicht mehr diesen Zwecken dienen, sind sie nach Satz 3 oder 4 auf einem Grabfeld zur Ruhe zu betten, sofern sie nicht nach Satz 2 bestattet werden.

(2) Für aus Schwangerschaftsabbrüchen stammende Feten und Embryonen finden Abs. 1 Sätze 2 bis 7 entsprechende Anwendung.

(3) Körper- und Leichenteile müssen durch den Verfügungsberechtigten oder, wenn ein solcher nicht feststellbar oder verhindert ist, durch den Inhaber des Gewahrsams unverzüglich in schicklicher und gesundheitlich unbedenklicher Weise beseitigt werden, soweit und solange sie nicht medizinischen oder wissenschaftlichen Zwecken dienen oder als Beweismittel von Bedeutung sind.

Abschnitt 2 – Bestattungseinrichtungen

Art. 7 – Bereitstellung von Bestattungseinrichtungen

Die Gemeinden sind verpflichtet, die erforderlichen Bestattungseinrichtungen, insbesondere Friedhöfe und Leichenräume, auch für die Bestattung von Fehlgeburten herzustellen und zu unterhalten, soweit dafür ein öffentliches Bedürfnis besteht.

Art. 8 – Friedhöfe

(1) Friedhöfe sind öffentliche Einrichtungen, die den Verstorbenen als würdige Ruhestätte und der Pflege ihres Andenkens gewidmet sind.

(2) [1]Träger von Friedhöfen können nur juristische Personen des öffentlichen Rechts sein. [2]Friedhofsträger ist, wer den Friedhof in eigener Verantwortung verwaltet.

(3) [1]In den Gemeindefriedhöfen ist die Beisetzung der verstorbenen Gemeindeeinwohner und, wenn eine ordnungsmäßige Beisetzung nicht anderweitig sichergestellt ist, auch der im Gemeindegebiet oder in einem angrenzenden gemeindefreien Gebiet Verstorbenen oder tot Aufgefundenen zu gestatten. [2]Die Grundstückseigentümer in gemeindefreien Gebieten haben der Gemeinde die Kosten zu ersetzen, die aus der Beisetzung der dort Verstorbenen oder tot Aufgefundenen entstehen und anderweitig nicht gedeckt sind.

(4) [1]In Friedhöfen der Kirchen oder Religionsgemeinschaften ist auch die Beisetzung Andersgläubiger unter den für sie üblichen Formen und ohne räumliche Absonderung zu gestatten, wenn eine andere geeignete Grabstätte nicht vorhanden ist;

Absatz 3 gilt entsprechend. [2]Bestattungs- und Totengedenkfeiern und die Gestaltung der Grabstätten dürfen das religiöse Empfinden der Kirche oder Religionsgemeinschaft nicht verletzen.

Art. 9 – Anforderungen an Friedhöfe und Grabstätten

(1) [1]Die Friedhöfe und die einzelnen Grabstätten müssen so beschaffen sein, daß sie dem Friedhofszweck (Art. 8 Abs. 1), den Erfordernissen des Wasserhaushalts und der öffentlichen Sicherheit, insbesondere der Gesundheit, entsprechen. [2]Die Friedhöfe müssen sich in das Orts- und Landschaftsbild einfügen; die Erfordernisse einer geordneten städtebaulichen Entwicklung und die Ziele der Raumordnung sind zu beachten, die Grundsätze und die sonstigen Erfordernisse der Raumordnung sind zu berücksichtigen.

(2) [1]Friedhöfe dürfen nur mit Genehmigung der zuständigen Behörde angelegt oder wesentlich geändert werden. [2]Die Genehmigung ist zu erteilen, wenn die Voraussetzungen des Absatzes 1 erfüllt sind und sonstige Vorschriften des öffentlichen Rechts nicht entgegenstehen. [3]Die Genehmigung ist nicht erforderlich, wenn die Anlegung oder Änderung des Friedhofs in einem Bebauungsplan festgesetzt ist.

(3) [1]An die Gestaltung der Grabstätten in bestimmten Friedhöfen oder Friedhofsteilen können über den Absatz 1 hinausgehende Anforderungen gestellt werden, wenn im Gemeindegebiet andere Friedhöfe oder Friedhofsteile zur Verfügung stehen, für die solche zusätzlichen Anforderungen nicht gelten. [2]Für Gemeindefriedhöfe darf von Satz 1 nicht zum Nachteil anderer Friedhöfe Gebrauch gemacht werden.

Art. 9a – Verbote von Grabsteinen aus ausbeuterischer Arbeit

(1) [1]Der Friedhofsträger kann durch Satzung bestimmen, dass Grabsteine und Grabeinfassungen aus Naturstein nur aufgestellt werden dürfen, wenn sie nachweislich ohne schlimmste Formen von Kinderarbeit im Sinne von Art. 3 des Übereinkommens Nr. 182 der Internationalen Arbeitsorganisation vom 17. Juni 1999 über das Verbot und unverzügliche Maßnahmen zur Beseitigung der schlimmsten Formen der Kinderarbeit (BGBl. 2001 II S. 1290, 1291) hergestellt worden sind. [2]Herstellung im Sinne dieses Artikels umfasst sämtliche Bearbeitungsschritte von der Gewinnung des Natursteins bis zum Endprodukt.

(2) [1]Der Nachweis kann im Sinne von Abs. 1 Satz 1 erbracht werden durch

> 1. eine lückenlose Dokumentation, wonach die Grabsteine oder Grabeinfassungen aus Naturstein ausschließlich in Mitgliedstaaten der Europäischen Union, weiteren Vertragsstaaten des Abkommens über den Europäischen Wirtschaftsraum oder der Schweiz hergestellt worden sind, oder

> 2. die schriftliche Erklärung einer Organisation, wonach

>> a) die Herstellung ohne schlimmste Formen von Kinderarbeit erfolgt ist,

>> b) dies durch sachkundige und unabhängige Kontrolleure regelmäßig und unangemeldet vor Ort überprüft wird und

c) die ausstellende Organisation weder unmittelbar noch mittelbar an der Herstellung oder am Handel mit Naturstein beteiligt ist.

[2]Ist die Vorlage eines Nachweises nach Satz 1 unzumutbar, genügt es, dass der Letztveräußerer schriftlich

1. zusichert, dass ihm keine Anhaltspunkte dafür bekannt sind, dass die verwendeten Grabsteine und Grabeinfassungen aus Naturstein unter schlimmsten Formen von Kinderarbeit hergestellt worden sind, und

2. darlegt, welche wirksamen Maßnahmen ergriffen worden sind, um die Verwendung von solchen Grabsteinen und Grabeinfassungen zu vermeiden.

(3) Eines Nachweises im Sinne von Abs. 1 Satz 1 bedarf es nicht, wenn der Letztveräußerer glaubhaft macht, dass die Grabsteine oder Grabeinfassungen aus Naturstein oder deren Rohmaterial vor dem 1. September 2016 in das Bundesgebiet eingeführt wurden.

Art. 10 – Ruhezeiten

(1) [1]Der Friedhofsträger bestimmt Ruhezeiten für Leichen und für Aschenreste Verstorbener. [2]Die Ruhezeit für Leichen ist nach Anhörung des Gesundheitsamts unter Berücksichtigung der Verwesungsdauer festzusetzen.

(2) Während der Ruhezeit dürfen in einer Grabstätte weitere Leichen oder Aschenreste Verstorbener beigesetzt und Fehlgeburten oder Körper- und Leichenteile aufgenommen werden, wenn die Grabstätte dazu bestimmt und geeignet ist.

Art. 11 – Schließung und Entwidmung

(1) [1]Der Friedhofsträger kann den Friedhof für weitere Beisetzungen schließen. [2]Er darf den Friedhof entwidmen, wenn sämtliche Ruhezeiten abgelaufen sind. [3]Die Sätze 1 und 2 gelten nicht, soweit Grabnutzungsrechte entgegenstehen.

(2) Zur Abwehr von Gefahren für die öffentliche Sicherheit kann die zuständige Behörde nach Anhörung des Friedhofsträgers Friedhöfe für weitere Beisetzungen schließen und Umbettungen anordnen, ohne an Ruhezeiten gebunden zu sein.

(3) Wird ein Friedhof auf Grund gesetzlicher Vorschriften für einen anderen öffentlichen Zweck in Anspruch genommen, so sind Leichen und Aschenreste Verstorbener, deren Ruhezeit noch nicht abgelaufen ist, umzubetten.

(4) Die Absätze 1 bis 3 gelten für Teile eines Friedhofs entsprechend.

Art. 12 – Beisetzung außerhalb von Friedhöfen

(1) [1]Beisetzungen außerhalb von Friedhöfen sind mit Genehmigung der zuständigen Behörde zulässig. [2]Die Genehmigung kann erteilt werden, wenn

    1. ein wichtiger Grund das rechtfertigt oder wenn es dem Herkommen entspricht,

    2.der Bestattungsplatz den nach Art. 9 Abs. 1 für Friedhöfe geltenden Anforderungen entspricht,

    3. die Erhaltung des Bestattungsplatzes während der Ruhezeit gesichert ist und

4. überwiegende Belange Dritter nicht entgegenstehen.

[3]Die Genehmigung zur Beisetzung einer Urne von einem Schiff auf hoher See ist zu erteilen, wenn dies nachweislich dem Willen des Verstorbenen entspricht und andere Rechtsvorschriften nicht entgegenstehen.

(2) [1]Wenn die Voraussetzungen für die Genehmigung nicht vorliegen, kann die zuständige Behörde weitere Beisetzungen untersagen und Umbettungen anordnen, ohne an Ruhezeiten gebunden zu sein. [2] Art. 11 Abs. 3 und 4 gelten entsprechend. [3]Zur Umbettung ist der Inhaber der tatsächlichen Gewalt über den Bestattungsplatz verpflichtet.

(3) [1]Die zuständige Behörde setzt die Ruhezeit fest. [2]Im übrigen gilt Art. 10 entsprechend.

(4) Der Bestattungsplatz darf für andere Zwecke nur verwendet werden, wenn sämtliche Ruhezeiten abgelaufen oder die Leichen und Aschenreste Verstorbener, deren Ruhezeit noch nicht abgelaufen ist, umgebettet worden sind.

(5) [1]Die Beisetzung auf vor dem Inkrafttreten dieses Gesetzes genehmigten Bestattungsplätzen bedarf keiner Genehmigung, wenn sie nach den bisher geltenden Rechtsvorschriften keiner Genehmigung bedurfte. [2]Die zuständige Behörde kann die weitere Benutzung solcher Bestattungsplätze untersagen und Umbettungen anordnen, ohne an Ruhezeiten gebunden zu sein, wenn die Voraussetzungen des Absatzes 1 Nrn. 2 bis 4 nicht vorliegen.

Art. 13 – Feuerbestattungsanlagen

(1) Feuerbestattungsanlagen müssen so beschaffen sein und so betrieben werden, daß den Anforderungen des Art. 5 entsprochen werden kann.

(2) [1]Feuerbestattungsanlagen dürfen nur mit Genehmigung der zuständigen Behörde betrieben oder in ihrem Betrieb wesentlich geändert werden; der Genehmigung bedarf es nicht, wenn die Errichtung, der Betrieb oder die Änderung der Anlage einer baurechtlichen Gestattung bedarf oder wenn eine Zustimmung wegen Art. 73 Abs. 1 Satz 3 BayBO nicht erforderlich ist. [2]Die Genehmigung ist zu erteilen, wenn die Voraussetzungen des Absatzes 1 erfüllt sind und sonstige Vorschriften des öffentlichen Rechts nicht entgegenstehen. [3]Der Betrieb der Feuerbestattungsanlage kann untersagt werden, wenn er Vorschriften des öffentlichen Rechts widerspricht.

(3) Art. 8 Abs. 3 gilt entsprechend.

Art. 13a – Enteignung

Zur Schaffung oder Änderung von Bestattungseinrichtungen kann nach den Vorschriften des Bayerischen Gesetzes über die entschädigungspflichtige Enteignung)

BayRS 2141-1-I

enteignet werden.

Abschnitt 3 – Aufsicht und Ermächtigungen

Art. 14 – Behördliche Überwachung

(1) [1]Die Gemeinden und die Landratsämter als staatliche Verwaltungsbehörden haben dafür zu sorgen, daß die Vorschriften dieses Gesetzes und die auf Grund dieses Gesetzes ergangenen Rechtsvorschriften eingehalten werden. [2]Sie können die hierzu erforderlichen Anordnungen für den Einzelfall treffen.

(2) [1]Soweit Anordnungen nach Absatz 1 nicht möglich oder nicht zulässig sind oder keinen Erfolg versprechen, muß die Gemeinde, in unaufschiebbaren Fällen die Polizei, für die Leichenschau, die Bestattung und die ihr vorausgehenden notwendigen Verrichtungen, für die Zur-Ruhe-Bettung von Fehlgeburten oder von Feten und Embryonen aus Schwangerschaftsabbrüchen, für die Beseitigung von Körper- und Leichenteilen und für Umbettungen selbst oder durch vertraglich Beauftragte sorgen. [2]Die Gemeinde und der Träger der Polizei können von einem Pflichtigen Ersatz der notwendigen Kosten verlangen. [3]Erfüllt eine Gemeinde ihre Verpflichtung nach Satz 1 nicht oder nicht rechtzeitig, so kann an ihrer Stelle und auf ihre Kosten unmittelbar die Rechtsaufsichtsbehörde handeln. [4]Soweit in gemeindefreien Gebieten die Verpflichtung nach Satz 1 von den Grundstückseigentümern zu erfüllen ist, gelten die Sätze 2 und 3 entsprechend.

(3) [1]Die zuständigen Stellen und deren Beauftragte können zum Vollzug dieses Gesetzes und der auf Grund dieses Gesetzes ergangenen Rechtsvorschriften Grundstücke, Räume und dort befindliche bewegliche Sachen betreten. [2]Der Inhaber der tatsächlichen Gewalt hat ihnen diese zugänglich zu machen. [3]Wer Tatsachen kennt, deren Kenntnis für den Vollzug der Absätze 1 und 2 erforderlich ist, ist verpflichtet, auf Verlangen

der zuständigen Stelle unverzüglich Auskunft darüber zu erteilen; Entsprechendes gilt für die Vorlage von Unterlagen. [4] Art. 3 Abs. 2 Satz 3 findet Anwendung.

(4) [1] Die unteren Behörden für Gesundheit, Ernährung und Verbraucherschutz wirken beim Vollzug dieses Gesetzes und der auf Grund dieses Gesetzes ergangenen Rechtsvorschriften mit, soweit gesundheitliche Belange berührt werden; sie sind von den zuständigen Stellen insoweit zu beteiligen. [2]Absatz 3 gilt für die unteren Behörde für Gesundheit, Veterinärwesen, Ernährung und Verbraucherschutz, in deren Bezirk entsprechend.

Art. 15 – Verpflichtete

(1) Das Staatsministerium für Gesundheit und Pflege wird ermächtigt, durch Rechtsverordnung zu bestimmen, wer die Leichenschau zu veranlassen und für die Bestattung, die ihr vorausgehenden notwendigen Verrichtungen und für Umbettungen zu sorgen hat, unter welchen Voraussetzungen diese Verpflichtungen bestehen und wie und innerhalb welcher Zeit sie zu erfüllen sind.

(2) [1]Nach Absatz 1 können verpflichtet werden

> 1. die Ehegattin oder der Ehegatte, die Lebenspartnerin oder der Lebenspartner, die Verwandten und Verschwägerten auf- und absteigender Linie, die Adoptiveltern und Adoptivkinder, die Geschwister des Verstorbenen und deren Kinder; die Reihenfolge der Verpflichteten soll sich nach dem Grad der Verwandtschaft oder Schwägerschaft richten,

2. die Personensorgeberechtigten,

3. der Betreuer, soweit die Sorge für die Person des Verstorbenen zu dessen Lebzeiten zu seinem Aufgabenkreis gehört hat.

[2]Zur Veranlassung der Leichenschau können außerdem verpflichtet werden der Eigentümer und der Inhaber der tatsächlichen Gewalt von Grundstücken, Räumen und beweglichen Sachen, wenn sich die Leiche dort befindet, in Betrieben, Heimen, Schulen, Anstalten und sonstigen Einrichtungen, außerdem deren Leiter und in Krankenhäusern und Entbindungsheimen die Ärzte in leitender Stellung.

Art. 16 – Durchführungsvorschriften

Das Staatsministerium für Gesundheit und Pflege wird ermächtigt, durch Rechtsverordnungen

1. die Anforderungen der Art. 1, 2, 3a, 5, 6, 9, 10, 12 und 13 näher zu regeln und die erforderlichen Vorschriften zu erlassen, um die Einhaltung dieser Anforderungen und darüber hinausgehende Belange der öffentlichen Sicherheit und Ordnung sicherzustellen, ferner um die von Leichen, Fehlgeburten, Körper- und Leichenteilen ausgehenden Gefährdungen abzuwehren und zu verhindern, daß öffentliche Bestattungseinrichtungen mehr als durch eine schickliche Totenehrung geboten beansprucht werden. In diesen Rechtsverordnungen kann das Staatsministerium für Gesundheit und Pflege insbesondere

a) die in Art. 15 Abs. 2 Genannten und diejenigen, die beim Tod zugegen waren oder eine Leiche auffinden, zur Meldung des Todesfalls verpflichten,

19

b) vorschreiben, daß die Leichenschau durch einen im öffentlichen Gesundheitsdienst tätigen oder von der zuständigen Behörde bestellten Arzt durchzuführen oder zu wiederholen oder eine innere Leichenschau vorzunehmen ist, ferner bestimmen, daß die Ärzte an Verstorbenen, die sie behandelt haben, die Leichenschau nicht vornehmen dürfen,

c) die Pflichten des Arztes, der die Leichenschau vornimmt und desjenigen, der die Leichenschau veranlaßt hat, festlegen,

d) Näheres über die Todesbescheinigung und deren Aufbewahrung regeln,

e) Anforderungen und Pflichten für diejenigen bestimmen, die berufsmäßig die Bestattung von Leichen vorbereiten oder durchführen (Bestatter) und dabei vorschreiben, daß die Bestatter die Gewähr für die gesetz- und fachmäßige Vorbereitung und Durchführung der Bestattung bieten müssen,

f) Anforderungen für Friedhöfe, Bestattungsplätze, Feuerbestattungsanlagen und sonstige Bestattungseinrichtungen, für ihren Betrieb und ihre Überwachung, ferner für Grabstätten, Särge, Sargausstattungen, Urnen, die Bekleidung von Leichen und die Beförderungsmittel für Leichen und für Aschenreste Verstorbener stellen,

g) bestimmen, wie im Fall des Art. 1 Abs. 2 Satz 2 zu verfahren ist, wenn über Art, Ort oder Durchführung der Bestattung Meinungsverschiedenheiten unter gleichrangig verpflichteten Angehörigen bestehen,

h) die Beförderung, Bestattung und Ausgrabung von einer Erlaubnis oder einer Anzeige und bestimmten Nachweisen, die Ausgrabung insbesondere von einem wichtigen Grund abhängig machen,

i) zur Sicherstellung der Bestattung die Schließung von Friedhöfen von einer vorherigen Anzeige abhängig machen;

2. Ärzte bestimmter Fachrichtungen oder Ärzte, die zu dem Verstorbenen in einer familienrechtlichen Beziehung der in Art. 2 Abs. 3 bezeichneten Art gestanden haben, von der Verpflichtung nach Art. 2 Abs. 2 auszunehmen;

3. vorzusehen, daß die zuständige Behörde Ausnahmen von der Pflicht, Aschenreste Verstorbener in eine Urne aufzunehmen, die Aschenreste beizusetzen oder die für sie festgesetzte Ruhezeit einzuhalten, zulassen kann, soweit Art. 5 nicht entgegensteht;

4. unbeschadet des Art. 14 die zuständigen Behörden und sonstigen zuständigen Stellen zum Vollzug dieses Gesetzes und der auf Grund dieses Gesetzes ergangenen Rechtsvorschriften und zum Vollzug der zwischenstaatlichen Vereinbarungen über das Leichen- und Bestattungswesen zu bestimmen;

5. die sonstigen zur Ausführung dieses Gesetzes erforderlichen Vorschriften zu erlassen, insbesondere die in diesem Gesetz oder den auf Grund dieses Gesetzes ergangenen Rechtsvorschriften vorgesehenen Verwaltungsverfahren näher zu regeln.

Art. 17 – Örtliche Vorschriften

(1) Soweit es zum Schutz der Gesundheit oder zur Verhinderung einer über eine schickliche Totenehrung hinausgehenden Inanspruchnahme öffentlicher Bestattungseinrichtungen erforderlich ist und nicht andere Rechtsvorschriften darüber bestehen, können die Gemeinden Verordnungen über die Vorbereitung und Durchführung der Bestattung, insbesondere über die Verrichtungen an Leichen und ihre Verwahrung, ferner über die Beschaffenheit der Särge, Sargausstattungen, Urnen und die Bekleidung von Leichen und die Anlage, Tiefe, Instandhaltung und Öffnung der Grabstätten erlassen.

(2) Die Gemeinden können durch Verordnung die zur Aufrechterhaltung der öffentlichen Sicherheit und Ordnung auf Friedhöfen, in Feuerbestattungsanlagen, Leichenräumen und ähnlichen Einrichtungen erforderlichen Vorschriften erlassen, insbesondere ein deren Ordnung und Würde verletzendes Verhalten verbieten, soweit nicht bereits andere Rechtsvorschriften darüber bestehen.

(3) Soweit Gemeinden Regelungen im Sinn der Absätze 1 und 2 durch Verordnung getroffen haben, können sie Satzungen darüber nicht mehr erlassen.

(4) Die Vorschriften über das Verfahren beim Erlaß bewehrter Gemeindeverordnungen sind anzuwenden.

Abschnitt 4 - Ordnungswidrigkeiten, Übergangs- und Schlussvorschriften

Art. 18 – Ordnungswidrigkeiten

(1) Mit Geldbuße kann belegt werden, wer

1. eine Leiche beiseite schafft oder bestattet, ohne daß die in diesem Gesetz oder auf Grund dieses Gesetzes oder in anderen Rechtsvorschriften festgelegten Voraussetzungen für die Bestattung vorliegen,

2. ohne die vorgeschriebene Leichenschau und ohne sichere Zeichen des Todes eine Leichenöffnung vornimmt oder eine Leiche zu medizinischen oder wissenschaftlichen Zwecken verwendet,

3. bei der Öffnung einer Leiche oder ihrer Verwendung zu medizinischen oder wissenschaftlichen Zwecken oder wer als Arzt bei der Leichenschau oder als Bestatter in Ausübung seines Berufs Anzeichen für einen nicht natürlichen Tod feststellt und nicht unverzüglich die Polizei oder Staatsanwaltschaft verständigt,

4. eine Leiche eines Unbekannten oder eine Leiche, für die Anhaltspunkte eines nicht natürlichen Todes bestehen, öffnet oder zu medizinischen oder wissenschaftlichen Zwecken verwendet, bevor nicht die Staatsanwaltschaft oder der Richter beim Amtsgericht zugestimmt oder die Bestattung schriftlich genehmigt hat,

5. fortfährt, eine Leiche, an der bisher unbekannte Anzeichen eines nicht natürlichen Todes auftauchen, zu öffnen oder zu medizinischen oder wissenschaftlichen

Zwecken zu verwenden, bevor nicht die Staatsanwaltschaft oder der Richter beim Amtsgericht zugestimmt
oder die Bestattung schriftlich genehmigt hat,

6. als Arzt der Pflicht, die Leichenschau vorzunehmen,
nicht oder nicht rechtzeitig nachkommt,

7. entgegen Art. 3 und 14 Abs. 3 Grundstücke, Räume
und bewegliche Sachen nicht betreten läßt oder nicht
zugänglich macht, die erforderlichen Auskünfte nicht
oder unrichtig erteilt oder Unterlagen nicht vorlegt,

8. entgegen Art. 3a Abs. 3 Satz 3 personenbezogene
Daten für andere Zwecke verwendet,

9. als Inhaber des Gewahrsams den Pflichten zur Zur-
Ruhe-Bettung von Fehlgeburten und von Embryonen
und Feten aus Schwangerschaftsabbrüchen nicht oder
nicht rechtzeitig nachkommt,

10. den durch Art. 6 Abs. 3 oder auf Grund des Art. 15
festgelegten Pflichten nicht oder nicht rechtzeitig
nachkommt,

11. die Leichenschau, die Bestattung oder die Zur-
Ruhe-Bettung von Fehlgeburten, Feten oder Embryonen aus Schwangerschaftsabbrüchen oder die Beseitigung von Körper- oder Leichenteilen verhindert oder
zu verhindern versucht,

12. in einer nicht zugelassenen Art und Weise Leichen
bestattet oder bestatten läßt oder einäschert oder
einäschern läßt,

13. entgegen Art. 12 Abs. 4 einen Bestattungsplatz für andere Zwecke verwendet, bevor sämtliche Ruhezeiten abgelaufen oder die Leichen und Aschenreste Verstorbener, deren Ruhezeit noch nicht abgelaufen ist, umgebettet worden sind,

14. einer Rechtsverordnung nach Art. 15 bis 17 zuwiderhandelt, soweit sie für einen bestimmten Tatbestand auf diese Bußgeldvorschrift verweist.

(2) Mit Geldbuße kann auch belegt werden, wer in den Fällen des Absatzes 1 Nrn. 1 bis 5, 8, 9, 10 und 12 die Tat fahrlässig begangen hat.

Art. 19 – Einschränkungen von Grundrechten

(1) Auf Grund dieses Gesetzes kann das Grundrecht der Unverletzlichkeit der Wohnung eingeschränkt werden (Art. 13 des Grundgesetzes[2], Art. 106 der Verfassung[3]).

(2) Für eine Maßnahme auf Grund dieses Gesetzes, die eine Enteignung enthält, ist dem Eigentümer oder dem sonstigen Berechtigten nach den Vorschriften des Bayerischen Gesetzes über die entschädigungspflichtige Enteignung Entschädigung in Geld zu leisten.

Art. 20 – Übergangs- und Schlussvorschriften

(1) Unberührt bleiben

1. zwischenstaatliche Vereinbarungen, insbesondere über die Leichenbeförderung,

2. die Vorschriften des Polizeirechts,

3. Art. 24 der Gemeindeordnung[4], Art. 18 der Landkreisordnung[5], Art. 18 der Bezirksordnung[6] und die darauf beruhenden Satzungen, soweit sie diesem Gesetz und den auf Grund des Art. 16 ergangenen Rechtsvorschriften nicht widersprechen. Bestattungseinrichtungen sind Einrichtungen im Sinn des Art. 24 Abs. 3 der Gemeindeordnung.

(2) Vor Inkrafttreten dieses Gesetzes genehmigte Feuerbestattungsanlagen gelten als genehmigt im Sinn des Art. 13.

Art. 21 – Inkrafttreten

[1]Dieses Gesetz ist dringlich. [2]Es tritt am 1. Januar 1971 in Kraft[7].

Verweise und Fußnoten

[1]Dieses Gesetz ist dringlich.

[2]Es tritt am 1. Januar 1971 in Kraft Betrifft die ursprüngliche Fassung vom 24. September 1970 (GVBl. S. 417)

Zu Art. 19 – Einschränkungen von Grundrechten
  2) [Amtl. Anm.:] BGBl. FN 100-1
  3) [Amtl. Anm.:] BayRS 100-1-S

Zu Art. 20 - Übergangs- und Schlussvorschriften
  4) [Amtl. Anm.:] BayRS 2020-1-1-I
  5) [Amtl. Anm.:] BayRS 2020-3-1-I
  6) [Amtl. Anm.:] BayRS 2020-4-2-I

Zu Art. 21 – Inkrafttreten
  7) [Amtl. Anm.:] Betrifft die ursprüngliche Fassung vom 24. September 1970 (GVBl. S. 417)

Persönliche Notizen